Copyright © 2020 On Line Editora
Direitos reservados e protegidos pela lei 9.610 de 19.2.1998.
Nenhuma parte deste livro pode ser reproduzida, arquivada em sistema de busca ou transmitida por qualquer meio, seja ele eletrônico, xérox, gravação ou outros, sem prévia autorização do detentor dos direitos, e não pode circular encadernada ou encapada de maneira distinta daquela em que foi publicada, ou sem que as mesmas condições sejam impostas aos compradores subsequentes.
1ª Edição 2020

Presidente: Paulo Roberto Houch
MTB 0083982/SP
Edição: Priscilla Sipans
Programadora visual: Evelin Cristine Ribeiro
Coordenação pedagógica: Izildinha H. Micheski
Imagens: Shutterstock
Impresso no Brasil.
Foi feito o depósito legal.

2ª Impressão

Dados Internacionais de Catalogação na Publicação (CIP)
(eDOC BRASIL, Belo Horizonte/MG)

O58c   On Line Editora.
        Cartilha caminhos da alfabetização: letra bastão / Equipe On Line Editora. – Barueri, SP: On Line, 2020.
        64 p. : il. ; 20,5 x 27,5 cm

        ISBN 978-65-5547-166-3

        1. Alfabetização. 2. Educação de crianças. I. Título.
                                                        CDD 370

Elaborado por Maurício Amormino Júnior – CRB6/2422

Direitos reservados à
IBC – Instituto Brasileiro de Cultura LTDA
CNPJ 04.207.648/0001-94 Avenida Juruá, 762 – Alphaville Industrial
CEP: 06455-907 – Barueri/SP Vendas: Tel.: (11) 3393-7723 (vendas@editoraonline.com.br)
Visite nossa loja www.revistaonline.com.br

ORIENTAÇÕES SOBRE COMO SEGURAR O LÁPIS

POR IZILDINHA H. MICHESKI

O CAMINHO DA ALFABETIZAÇÃO PRECISA SER CONSTRUÍDO PASSO A PASSO, DE MANEIRA A RESPEITAR OS TEMPOS DE VIDA DA CRIANÇA E ATENTAR, TAMBÉM, PARA A SUA MODALIDADE DE APRENDIZAGEM. DETALHES QUE PASSAM DESPERCEBIDOS PODEM GERAR TRANSTORNOS NO DESENVOLVIMENTO DO PROCESSO DE ALFABETIZAÇÃO, BEM COMO NO COMPROMETIMENTO DE ORDEM FUNCIONAL. UM DELES É A MANEIRA INADEQUADA DE "PINÇAR" O LÁPIS, QUE PODE ACARRETAR PREJUÍZOS NO DESEMPENHO DO ATO DE ESCREVER.

ORIENTAR A CRIANÇA NESSE EXERCÍCIO PARA O DESENVOLVIMENTO DA MOTRICIDADE REQUER PACIÊNCIA E DEDICAÇÃO, CONSIDERANDO QUE "PINÇAR" O LÁPIS DE MANEIRA ADEQUADA É UM DESAFIO PARA A CRIANÇA QUE AINDA NÃO TEM ESSA HABILIDADE PLENAMENTE DESENVOLVIDA. ALÉM DISSO, A CONSTRUÇÃO DA ESCRITA É COMPLEXA E IMPLICA NO ENVOLVIMENTO DE DIVERSAS ESTRUTURAS. ALGUNS CUIDADOS PODEM AUXILIAR OS PEQUENINOS NO DESENVOLVIMENTO DESSA PRÁTICA:

- O LÁPIS DEVE PERMANECER ESTÁVEL ENTRE OS DEDOS;
- O POLEGAR E O INDICADOR SÃO USADOS PARA SEGURAR O LÁPIS, ENQUANTO O DEDO MÉDIO SERVE PARA APOIÁ-LO;
- O DEDO ANELAR E O MÍNIMO FICAM DOBRADOS DE MANEIRA CONFORTÁVEL SOBRE A MESA;
- O IDEAL É MANTER UMA DISTÂNCIA DE 2 CENTÍMETROS ENTRE A PONTA DO LÁPIS E O POLEGAR;
- O PULSO DEVE ESTAR LIGEIRAMENTE VOLTADO PARA TRÁS, COM O ANTEBRAÇO EM POSIÇÃO DE DESCANSO.

ACESSÓRIOS DE APOIO

CASO A CRIANÇA NÃO TENHA RECEBIDO ESSA ATENÇÃO NO PROCESSO INICIAL DE ESCOLARIZAÇÃO E, EM DADO MOMENTO, É PERCEBIDO QUE ELA SEGURA O LÁPIS DE MANEIRA ERRADA OU APLICA TÔNUS EM DEMASIADO, HÁ RECURSOS QUE PODEM AUXILIAR NESSE REPARO, COMO A UTILIZAÇÃO ORIENTADA DAS BORRACHAS COM ENCAIXE PARA O LÁPIS, GIZ DE CERA E OUTROS ACESSÓRIOS QUE TENHAM FORMATOS ANATÔMICOS.

COORDENAÇÃO MOTORA

VAMOS PÔR AS MÃOZINHAS PARA TRABALHAR? LIGUE OS TRACEJADOS, SEGUINDO CADA SETA PARA PRATICAR UM NOVO MOVIMENTO.

COORDENAÇÃO MOTORA

AGORA, DESLIZE PELOS MOVIMENTOS ABAIXO, SEGUINDO AS SETAS COM BASTANTE ATENÇÃO.

LETRA BASTÃO

É HORA DE APRENDER E PRATICAR A CALIGRAFIA DAS LETRINHAS INICIAIS DAS PALAVRAS.

ANÃO

anão

LETRA BASTÃO

BOLO

bolo

LETRA BASTÃO

LETRA BASTÃO

CASA

casa

LETRA BASTÃO

LETRA BASTÃO

DADO

dado

LETRA BASTÃO

LETRA BASTÃO

ESCOLA

escola

LETRA BASTÃO

LETRA BASTÃO

FADA
fada

LETRA BASTÃO

GALO
galo

G g

HIPOPÓTAMO

hipopótamo

23

JANELA

janela

KART

kart

28

LÁPIS

lápis

MAÇÃ

maçã

NAVIO
navio

ÓCULOS

óculos

PIRULITO

pirulito

P P P P P P

P P P P P P

p p p p p p

p p p p p p

QUATI
quati

RATO

rato

R R R R R

R R R R R

R R R R R

R R R R R

Sino

sino

SSSSS

SSSSS

SSSSS

SSSSS

S

S S S S S S

S S S S S S

S S S S S S

S S S S S S

s

s s s s s s s

s s s s s s s

s s s s s s s

s s s s s s s

TIGELA
tigela

URUBU

urubu

VELA

vela

WAFFLE
waffle

XÍCARA

xícara

YAKISSOBA
yakissoba

ZEBRA

Zebra

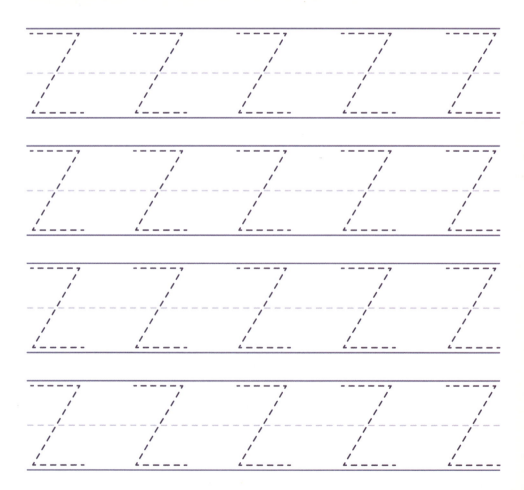

SÍLABAS

BA	BE	BI	BO	BU	BÃO
ba	be	bi	bo	bu	bão

CA	CE	CI	CO	CU	CÃO
ca	ce	ci	co	cu	cão

DA	DE	DI	DO	DU	DÃO
da	de	di	do	du	dão

SÍLABAS

FA	FE	FI	FO	FU	FÃO
fa	fe	fi	fo	fu	fão

GA	GE	GI	GO	GU	GÃO
ga	ge	gi	go	gu	gão

HA	HE	HI	HO	HU	HÃO
ha	he	hi	ho	hu	hão

SÍLABAS

JA	JE	JI	JO	JU	JÃO
ja	je	ji	jo	ju	jão

LA	LE	LI	LO	LU	LÃO
la	le	li	lo	lu	lão

MA	ME	MI	MO	MU	MÃO
ma	me	mi	mo	mu	mão

SÍLABAS

NA	NE	NI	NO	NU	NÃO
na	ne	ni	no	nu	não

PA	PE	PI	PO	PU	PÃO
pa	pe	pi	po	pu	pão

QUA	QUE	QUI	QUO	QUÃO
qua	que	qui	quo	quão

63

SÍLABAS

RA	RE	RI	RO	RU	RÃO
ra	re	ri	ro	ru	rão

SA	SE	SI	SO	SU	SÃO
sa	se	si	so	su	são

TA	TE	TI	TO	TU	TÃO
ta	te	ti	to	tu	tão

SÍLABAS

VA	VE	VI	VO	VU	VÃO
va	ve	vi	vo	vu	vão

XA	XE	XI	XO	XU	XÃO
xa	xe	xi	xo	xu	xão

ZA	ZE	ZI	ZO	ZU	ZÃO
za	ze	zi	zo	zu	zão

ATIVIDADE

COMPLETE A SEQUÊNCIA ALFABÉTICA, LIGANDO OS PONTILHADOS COM MUITO CAPRICHO.

Aa	Bb	Cc	Dd
Ee	Ff	Gg	Hh
Ii	Jj	Kk	Ll
Mm	Nn	Oo	Pp
Qq	Rr	Ss	Tt
Uu	Vv	Ww	Xx
Yy	Zz		